中国文化
知识读本

ZHONGGUOWENHUAZHISHIDUBEN

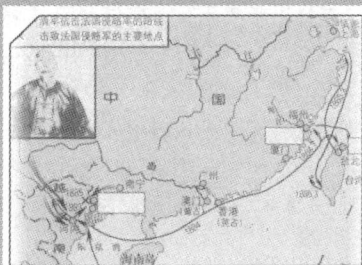

金开诚◎主编

宋莉莉◎编著

吉林出版集团有限责任公司
吉林文史出版社

中法战争

图书在版编目（CIP）数据

中法战争/宋莉莉编著.—长春：
吉林出版集团有限责任公司:吉林文史出版社，2010.11
(2018.1重印) (中国文化知识读本)

ISBN 978-7-5463-4110-1

Ⅰ.①中… Ⅱ.①宋 Ⅲ.①中法战争 (1884~1885) —史料
Ⅳ.①K256.206

中国版本图书馆CIP数据核字 (2010) 第222241号

中法战争

ZHONGFAZHANZHENG

主主编/金开诚 编著/宋莉莉
项目负责/崔博华 责任编辑/崔博华 钟 杉
责任校对/钟 杉 装帧设计/柳甬泽 王 惠
出版发行/吉林文史出版社 吉林出版集团有限责任公司
地址/长春市人民大街4646号 邮编/130021
电话/0431-86037503 传真/0431-86037589
印刷/北京龙跃印务有限公司
版次/ 2011年1月第1版 2018年1月第4次印刷
开本/640mm×920mm 1/16
印张/9 字数/30千
书号/ISBN 978-7-5463-4110-1
定价/ 34.80元

前　言

　　文化是一种社会现象，是人类物质文明和精神文明有机融合的产物；同时又是一种历史现象，是社会的历史沉积。当今世界，随着经济全球化进程的加快，人们也越来越重视本民族的文化。我们只有加强对本民族文化的继承和创新，才能更好地弘扬民族精神，增强民族凝聚力。历史经验告诉我们，任何一个民族要想屹立于世界民族之林，必须具有自尊、自信、自强的民族意识。文化是维系一个民族生存和发展的强大动力。一个民族的存在依赖文化，文化的解体就是一个民族的消亡。

　　随着我国综合国力的日益强大，广大民众对重塑民族自尊心和自豪感的愿望日益迫切。作为民族大家庭中的一员，将源远流长、博大精深的中国文化继承并传播给广大群众，特别是青年一代，是我们出版人义不容辞的责任。

　　本套丛书是由吉林文史出版社和吉林出版集团有限责任公司组织国内知名专家学者编写的一套旨在传播中华五千年优秀传统文化，提高全民文化修养的大型知识读本。该书在深入挖掘和整理中华优秀传统文化成果的同时，结合社会发展，注入了时代精神。书中优美生动的文字、简明通俗的语言、图文并茂的形式，把中国文化中的物态文化、制度文化、行为文化、精神文化等知识要点全面展示给读者。点点滴滴的文化知识仿佛颗颗繁星，组成了灿烂辉煌的中国文化的天穹。

　　希望本书能为弘扬中华五千年优秀传统文化、增强各民族团结、构建社会主义和谐社会尽一份绵薄之力，也坚信我们的中华民族一定能够早日实现伟大复兴！

目录

一、战争起因

（一）法国侵略越南

中国和越南山水相连，唇齿相依，自古以来关系就十分密切。回溯历史长河，秦始皇统一六国之后，南征百越之地，在当地设立郡县。公元前207年，南海郡郡尉赵佗乘秦末农民战争之机，吞并了桂林和象郡（包括今越南北部和中部），自立为南越王，建立起南越割据政权，并且把象郡分为交趾和九真两郡。从秦朝起到 10 世纪初，现在的越南北方地区一直处在中国封建王朝的直接统治之下。939 年，利用唐末大乱的机会，越南脱离了中国封建王朝的统治。从此一直到 19 世纪，越南都是一个独立的国家，但同时还承认中国"宗主国"的地位，同中国保持宗藩关系。

法国觊觎越南，萌生侵占野心，可以追溯到 18 世纪的后期。

1756—1763 年的七年战争中，法国遭遇失败，在印度的殖民地大部分被英国夺去；为了补偿这一损失，法国统治阶级力主占领越南。1771—1786 年，越

南爆发了西山起义，严重威胁越南政府的统治。越王阮福映于是请求在越南活动的法国阿德兰区大主教百多禄作为他的使者，去法国求兵相助。1787年，百多禄带着阮福映5岁的儿子作为人质回到法国，并向国王路易十六呈交了一份关于占领越南的奏议。他在奏议中指出，为了达到与远东地区的英国势力抗衡的目的，在越南建立一个法国殖民地，是最稳妥最有效的方法。另外，如果能够充分利用这个国家的资源和地理位置，无论是在平时还是战时，法国都将获得

最大的利益。这正说到了路易十六的心坎上，于是便根据百多禄的奏议，拟订了一个关于建立"法兰西东方帝国"的计划。

同年11月，法越两国政府签订了《法越凡尔赛条约》，约定法国派兵帮助越南政府平定西山起义，越南政府须割让海岛给法国，并授予法国商民在越南经商和居住的种种特权。

然而，1789年爆发了法国资产阶级革命，法国封建王朝自顾不暇，没能履行其对越南政府的承诺。百多禄主教只得到几条船，招募了一些法国军官便回到了越南，帮助阮福映进攻西山政权。1802年，越南政府终于平定了西山起义。阮福映认为，法国政府未能履行《法越凡尔赛条约》，因此拒绝割让领土。

此时拿破仑统治的法国正在欧洲争霸，放松了对越南的侵略。1815年波旁王朝在法国复辟，路易十八继承了路易

十六的衣钵，积极谋求向越南发展，向越南提出履行《法越凡尔赛条约》中割让领土的规定。被阮福映拒绝。1851年拿破仑三世称帝后，再次要求越南履行条约内容。

1856年，法国远东舰队来到土伦港（今岘港），向越南政府呈递国书，要求准许法国与越南通商。越南政府调兵防备，法军悍然炮轰土伦港，由此揭开了武装侵越的序幕。

1858年，法军攻占西贡（今胡志明市）。1860年，第二次鸦片战争结束后，法国利用侵华法军进攻南圻（越南南部地区），先后占领嘉定、定祥、边和、永

隆等省和昆仑岛。1862年6月，法国强迫越南阮氏王朝签订《西贡条约》（即《柴棍条约》），将南圻的嘉定、定祥、边和三省及西贡一带的地区割让给法国，并赔款400万元（约合白银280万两），还要允许法国商民在越南设立教堂传教、开店、通商。1867年，法国又蛮横地出兵攻占越南南圻的永隆、安江、河仙三省，在这六省地方建立起法国的殖民统治，称为"交趾支那"，设总督管辖。

之后法军由西贡出发对湄公河道进行测量考察，结果发现湄公河上游（即中国的澜沧江）滩多流急，"不适合商贸活动"。但是通过这次的勘探行动，另外一条适合"商贸"的红河被发现了！而且让法国人兴奋无比的是：红河上游一直延伸到自己垂涎已久的大清帝国的云南省！

1873 年，法国驻西贡总督杜白蕾派法军向北圻（越南北部地区）扩张，并于 11 月攻占河内、海阳、宁平、南定等地。

此时的越南国王阮福时再也招架不住，向驻扎在中越边境保胜（今老街）地区、中国人刘永福率领的黑旗军发出了求救信号。

（二）刘永福与黑旗军抗法

刘永福（1837—1917 年）原名建业，号渊亭，原籍广西博白县，出生于广东钦州（今属广西）的一个贫苦农民家庭，幼年随父母迁居广西上恩。刘自幼家境贫寒，为生活所迫，二十岁时加入广西天地会，投身于农民起义的行列。最初，刘永福投奔天地会首领吴凌云的部属郑

三手下任先锋，后来又先后投奔王士林、黄思宏等领导的起义队伍。由于他"胆艺过人，重信爱士"，大约有二百名义军士兵成了他的铁杆追随者。1866年，刘永福又转投吴亚忠领导的起义军。他所率领的队伍以七星黑旗为军旗，因此被人们称为"黑旗军"。随着太平天国被镇压，清政府得以腾出手来剿杀其他反清起义队伍。在广西，清政府四面调集大军，围攻吴亚忠起义军。起义军寡不敌众，加上武器落后，最终陷入困境。在

　　此情形下，刘永福为了保存力量，率领黑旗军退入越南境内，并逐渐控制了越南的安礼、高平、左大、六安、保胜等地。黑旗军"开辟山林，聚众耕牧"，自耕自养，保护百姓，使这一地区出现了"烽烟不警，鸡犬无惊"的安定局面，因此深受当地群众拥护。

　　如果没有法国入侵越南，刘永福和他所率领的黑旗军也许会在异国他乡的土地上默默无闻地终老一生。但是，法国妄图侵占越南，进而从西南入侵中国，

建立一个所谓的"伟大的法兰西东方帝国"的梦想……这一切，改变了刘永福和黑旗军的轨迹与命运。刘永福从一个客居越南的反清农民起义军领袖，转变成了一个反抗外国侵略的民族英雄；黑旗军从一支受到清政府围剿的"匪军"，转变成了一支反抗西方列强侵略的前锋部队。

在接受了阮福时提出的帮助抗法的请求之后，刘永福率领黑旗军从驻地保胜日夜兼程，翻越宣光大岭，疾驰千里，于 1873 年 12 月突然出现在河内城外。

法军海军上尉安邺急忙率军出城迎战。法军按照步兵战术，排好一字雁队，分前后两排，前排鹅步持枪瞄准射击，后排蹲跪填装弹药，轮番射击，交替前进。刘永福见此情景，知道不能硬拼。于是他把黑旗军分成三队，一队隐蔽于城外西郊纸桥两侧的田埂中，一队埋伏在附近的丛林之中，又亲自率领一队从桥东诱敌深入。两军接仗之后，刘永福假装败退，安邺不知是计，率军紧追不放。突然，设伏的黑旗军大队人马从两侧杀

出，刘永福也率队回击。于是双方展开了惨烈的白刃战。法军被打得抱头鼠窜，此时再也摆不出"一字雁队"，并且无情地丢下安邺不管，一窝蜂逃回了河内城。这时黑旗军先锋营的吴凤典飞快赶上，一刀斩杀了安邺。

这一仗，黑旗军缴获枪械一百多支，弹药一批，取得大捷。法军死伤数百人，龟缩在城边几个据点内，任凭黑旗军在外叫阵，再也不敢出战。于是刘永福下令扎长梯七十架，准备强攻。

但是这些年来，越南阮氏王朝已经被法国人打怕了，这一仗赢得胆战心惊，深怕会招来法军大规模的报复行动，因此急令刘永福撤军。

为了稳定法国人的情绪，1874 年 3 月 15 日，越南与法国签订了《越法和平同盟条约》（即第二次《西贡条约》），越南向法国开放红河，并给予法国在越南北部通商等多种权益。同时越南国王为

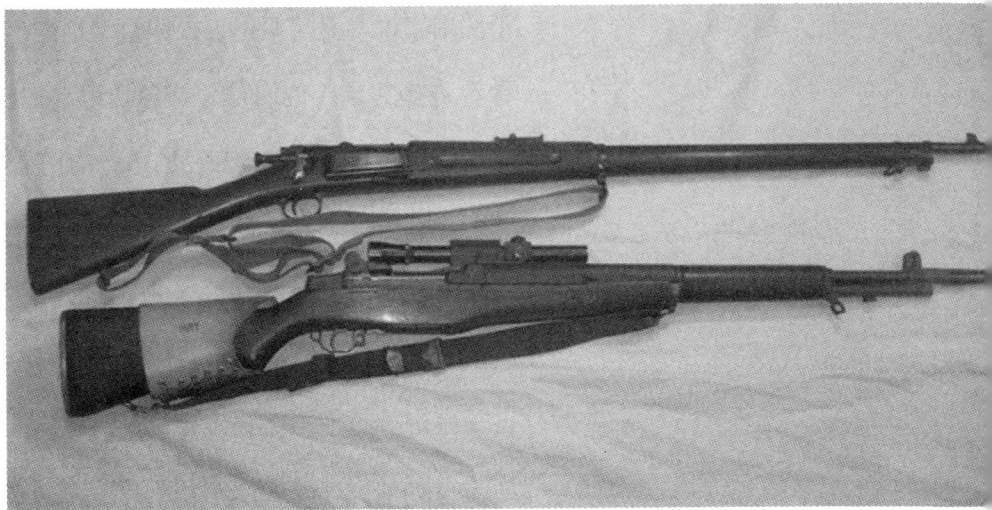

表彰刘永福的战功，任命他为"三宣副提督"，破例铸了一颗"山西、兴化、宣光副提督英勇将军印"送给他，以示尊崇。并命刘永福扼守红河两岸。

19世纪80年代，经过十年的休养生息，法国因普法战争失败所伤的元气已然恢复，为了寻求进一步迅速发展，便开始加紧推行殖民政策。1881年7月，由法国总理茹费理主导的法国议会同意将二百四十万法郎的军费用于越南。茹费理毫不掩饰地说："难道法国只是个大陆国家吗？殖民地的每一寸领土，对于法国来说都是宝贵的，放眼世界地图，看看许多大国，他们是怎样急切地、如火如荼地在世界上建立自己的市场的！"

1882年3月，法国西贡殖民政府派海军上校李威利率军700余人再次入侵越南北圻。4月，占领河内。1883年3月，占领南定。越南形势再度严峻起来。越南国王阮福时一再请求清政府速派援军抗法。

（三）清政府的矛盾与无奈

法国再次加紧对越南的侵略，目标

很明确，要把整个越南变为自己的殖民地，进而以此为基地侵略南中国。

法国的行为，严重刺伤了大清帝国的自尊心。大清帝国此时虽然已经走向衰落，但是天朝大国的优越感仍然存在。越南是大清的藩属国，按理说，清政府是有责任和义务去帮助越南维护国内稳定和抵抗外来侵略的。但是，大清帝国在两次鸦片战争中吃尽了洋人的苦头，已经是泥菩萨过河，自身难保。面对这些如狼似虎的西方列强，清政府即使有心援手，也得先掂量掂量自己的分量，否则，弄不好就会使局面不可收拾。因此对于是否援助越南抗法，清政府内部意见不一。大臣中以左宗棠、张之洞和张佩纶等为代表的一派主张对法国人采取强硬措施，甚至不惜与之一战。他们的理由是：假如对法国软弱妥协的话，其他列强也将步法国的后尘，对大清帝国的其他藩属国心存觊觎之心，到时候

局面更加不可收拾，倒不如现在就防微杜渐，即使付出代价也在所不惜。而以李鸿章为代表的一派则主张不卷入法越矛盾的漩涡，甚至干脆放弃越南。李鸿章提出，中国"兵单饷匮""海防空虚"，即便"一时战胜，未必历久不败，一处战胜，未必各口皆守"，因此"断不可轻于言战"。况且法越1874年的和约，"语多悖谬，当日越王既未请示，此时中国实难代为反悔，似只有听越之自为而已"。

也就是说，越南当初签约时没来征求意见，对大清帝国离心离德，现在我们又何苦为他们出头？恭亲王奕䜣支持李鸿章的观点。以慈禧太后为首的清朝统治阶级游离在这两派之间，举棋不定。在这种形势下，曾纪泽、刘长佑、刘坤一等人提出走中庸路线，即援助越南官军和黑旗军，打击法国侵略。理由是：一方面，黑旗军英勇善战，能有效地遏制和打击法军；另一方面，清政府可进可退，黑旗军打败法军固然好，法军打败黑旗

军则正好为朝廷除患。而且在必要的情况下，可以派清军驻扎在越南北部边境，见机行事，以最大可能维护大清帝国的利益。于是清政府做出决定，资助刘永福抗法。

刘永福认为这是他和他的黑旗军由"黑"转"白"的大好机会。于是，刘永福发誓要"为越南平寇，为祖国屏边"。在清政府的授意下，应越南政府之请，刘永福率黑旗军近三千人，会同越南北圻统督黄佐炎所率军队，向法军发起反击。

1883年5月10日，刘永福向李威利下战书，约法军一决高下。19日，李威

利率四百余人出河内城进攻黑旗军。刘永福得知消息后，即在十年前打败法军的老地方——纸桥附近再次做伏击部署：令黄守忠部扼大道正面阻击，令吴凤典部伏道左侧为奇兵，令杨著恩部埋伏在纸桥旁边的关帝庙附近，刘永福亲自率领一部为预备队在后面督战。黑旗军刚部署完成，法军已到桥东，向关帝庙中的黑旗军发起攻击。杨著恩部奋勇迎敌，接着假装支撑不住，且战且退。

法军主力随即冲过纸桥直驱大道，向黄守忠部攻击，遭到黄部猛烈阻击。突然，吴凤典部从大道左侧杀出，原杨著恩部从右翼攻击。经过三个小时的鏖战，法军大败。黑旗军击毙法军司令李威利、副司令卢眉以及三十余名军官、两百余名士兵。法军余部被迫退回河内。这就是著名的"纸桥之役"。

越南国王闻听后大喜，为表彰刘永福的军功，晋升他为"三宣正提督"，加赐"一等义勇男"爵号。

（四）《顺化条约》

法军伤亡惨重，不但重演十年前的一幕，在同一地点再次跌倒，而且司令、副司令全部战死——"法兰西"于是恼羞成怒。

7月30日，法国新任远征军总司令波滑、北圻舰队司令孤拔和法国河内民

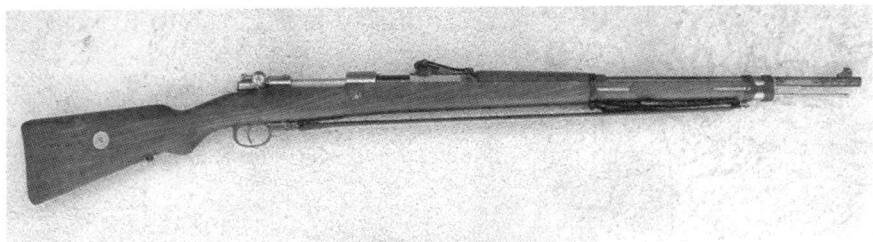

政特派员何罗芒三人开会制订扩大越南战争的计划。

8月，法军兵分两路，大举北犯。一路由波滑率领1800人，舰船9艘、大炮14门，沿红河向驻守怀德的黑旗军进攻。法军"船坚炮利"，武器精良。黑旗军虽处于劣势，但还是大败法军主力中路和左路。气急败坏的法军深夜炸崩河堤，致使黑旗军营地被淹，损失惨重，只得退出怀德，转移到地势较高的丹凤。

8月底，法军援军三四千人、军舰十一艘相继赶到，分水陆两路进攻丹凤。刘永福派黄守忠、邓士昌紧急带队前去迎敌，两军在堤围上发生遭遇战。堤围内水深没顶，河堤狭窄，弹雨密集。法国军舰又从江面发炮轰击，黑旗军腹背受敌，形势非常危急。刘永福即刻派人向清军求援，但清军坐视不管，在多次催促之下仅越南黄佐炎部派来两个营的兵力，调拨一万发子弹，进行支援。双方血战三天三夜，黑旗军艰苦卓绝，不吃饭、不睡觉、不休息，终于转守为攻。

正在这时，另一路法军由北圻舰队司令孤拔率领，不费吹灰之力攻占了越南都城顺化。越南国王阮福时病死，宫廷出现内讧。在法国人的威逼之下，8月25日，越南被迫签订《顺化条约》，法国取得了对越南的"保护权"。刘永福满腔怨愤，退守山西。

清政府吏部主事唐景崧率桂军两营进驻山西，协同黑旗军作战。10月22日清廷又传旨，给刘永福拨银10万两以应急需，并调集大军数万从广西和云南进入越南北圻。

从此时起，刘永福所率领的黑旗军的抗法斗争正式纳入到清政府军事行动的整体之中。

在制伏越南之后，法国开始将侵略矛头开始直接指向中国，除了威逼清政府放弃与越南的宗藩关系、承认法国对越南的殖民占领外，还要求与清政府签订不平等的商务协定及国境条约。中法之间的正面冲突日益逼近。

同年10月底，法国东京海域分舰队司令孤拔被任命为远征军总司令。12月中旬，法军水陆并进，向应越南政府之请暂时驻扎在北圻的中国军队发起进攻，清军被迫应战，中法战争正式爆发。

二、战争第一阶段
（越南北圻战场）

战争爆发前，鉴于中越两国的特殊关系及法国侵略越南给中国造成的严重威胁，再加上左宗棠、张之洞等主战派的强烈呼吁，清政府表面上一改往日的消极态度，一方面敦促李鸿章抓紧和法国谈判，另一方面增强了原驻北圻的桂军（广西清军）兵力，又命云南方面派兵出境，互为声援，并派人联络黑旗军援越抗法。但是，清政府知道自己的实力不济，再三训令清军不得主动出击，不得寻衅。这种自相矛盾的举措，大大便利了法国的侵略部署。

1883 年 12 月初，北圻法军已增加到近万人，大部分集中在河内地区，作战准备基本就绪。而此时清军方面，负责北圻东线防务的广西巡抚徐延旭托病滞留谅山，所属四十四营一万五千六百人，分驻北宁、太原、高平、谅山等地。其中左路统领广西提督黄桂兰、右路统领

广西道员赵沃共率二十五营九千六百人守北宁。后又新招募扩编十九营六千人。

负责西线防务的云贵总督岑毓英虽然奉命力保红河中游战略要地山西，但尚未启程，进驻山西的滇军仅有三个营，加上刘永福率领的黑旗军（十二营三千五人）和吏部主事唐景崧率领的少量桂军（二营八百人），山西守军共约五千人。

（一）山西失守

山西位于河内以西九十多里，是控制红河中上游的战略要地，也是清军联系东西线的主要通道。

刘永福在 1883 年 9 月 11 日率领黑旗军退守山西后，一直在不断地加强城防和沿岸河堤工事。刘永福命令部众加

固城墙，从河岸到城北门筑起五重木
栅，在河岸修筑炮台，每隔十丈放置一
门铁炮，并在水面设木排、竹筏阻塞河
道。城北为主要防御方向，集中黑旗军
六营、桂军一营占据既设阵地，以控制
河道，阻止敌人向北门进攻；城东也是
重点防御方向，由黑旗军五营组成两道
阵地，防敌陆路向东门攻击；唐景崧商
调滇军督带张永清率三营由兴化到山西，
防守西门；黑旗军一营、桂军一营配置

于南门，以备机动；黄佐炎越军部署在南门外乡村中，相机策应。刘永福驻外城，唐景崧驻内城，督战指挥。

12月11日，法军新任远征军总司令孤拔率领六千多人，分水陆两路从河内出发向山西进军。一路由军舰十二艘，板船四十艘，载陆军三千二百余人，溯红河西上；另一路陆军两千六百余人沿红河南岸直扑山西。

　　14日上午9时，法军向山西城发起进攻，摧毁沿岸炮台，并在城东北方向登岸，登岸步兵迅速展开，向黑旗军阵地接近。黑旗军依托河堤阵地进行还击，使法军遭受严重损失而不能及时发起冲击。下午，刘永福调来东门的黑旗军主力，隐蔽地迂回到法军的左侧，并插入法军舰队与步兵之间，猛烈攻击法军侧翼，使其两面受击，而法军舰炮则不敢开炮射击。孤拔见形势危急，立即令法军转入防御，集中所有炮兵向迂回的黑旗军轰击。黑旗军迂回部队由于伤亡较大被迫撤退。下午4时，孤拔下达攻击令，法军向坚守河堤的黑旗军发起猛烈攻击。黑旗军顽强扼守阵地，以排枪射击大量杀伤敌人，迫使余敌溃退。法军大炮猛轰，步兵多次进行冲击。当法军迫近河堤时，黑旗军与敌人展开激烈的肉搏战。经过一个多小时的激战，法军以死伤士兵二百人、军官二十二人的代价夺取了河堤阵地。15日1时，唐景崧组织桂军和滇军乘夜进行反击，企图夺

回阵地，但激战四小时仍未能获得成功。于是将城北守军撤至外城，依托土围分段坚守。15日上午双方调整部署。午后，法军开始向城西运动，企图夺取城西滇军据点，然后从城北、城西同时攻城。刘永福判明情况后，率黑旗军主力增援西门，并加强防御工事。这一天，法军大炮不停地轰击山西城。16日拂晓，法军多次猛攻北门，均未得逞。但守军伤亡较大，弹药告竭。法军同时进攻西门，炮火猛烈。西门城墙最终被法军炸毁。越奸阮廷润等人叛国投敌，其余越军也贪生怕死，穿上白衣，打开城门向法军投降。危急之下，刘永福、唐景崧督军坚守到深夜，不得已各自率军退出山西，转至兴化。26日，山西沦陷。

山西的首战失利，使清军失去了威胁河内的前哨阵地，丢掉了控制红河的战略要点，北宁亦失犄角之势。滇军随即撤出兴化、宣光，使滇桂联系全断，

东西两线协同作战增加了更大困难。这样，清军在越南北圻作战便受到了严重影响。

（二）北宁失守

北宁是清军在越南北圻所据守的战略要地。

北宁守军经过一年多的准备，工事不断加强，兵力逐步增加，到战役开始前，总兵力已达五十八营两万四千余人。其兵力部署是：副将党敏宣率八营防守北宁东六十余里之三江口，以阻法军溯六头江包抄北宁后路；总兵陈德贵率四营，扼守北宁东北之扶朗，以阻止敌舰船沿江进攻涌球威胁北宁；副将韦和礼率十营分守北宁东南之桂阳、左河，刘永福黑旗军十二营守揽山，阻敌陆路主力进攻北宁；总兵陈德朝率兵八营驻守北宁南五十余里之新河口和慈山，以阻敌沿慈山大路进攻北宁；参将李应章率一营防守北宁以西之金英，以扼山西入北宁之通道；总兵陈朝纲率两营防守北宁城北八里之涌球（涌球北面临河，有两座土山，是北宁的屏障和安危相关要点）；副将周炳林率四营防守涌球东五里之塞河处，以阻法军沿河而上，攻击涌球；黄桂兰、赵沃率亲兵两营、参将蒋大章率一营另两哨防守北宁城池。此外，为保持与谅山的联系，在北宁与谅山之间的谅江部署有五营。

山西失陷后，北宁受到法军来自海

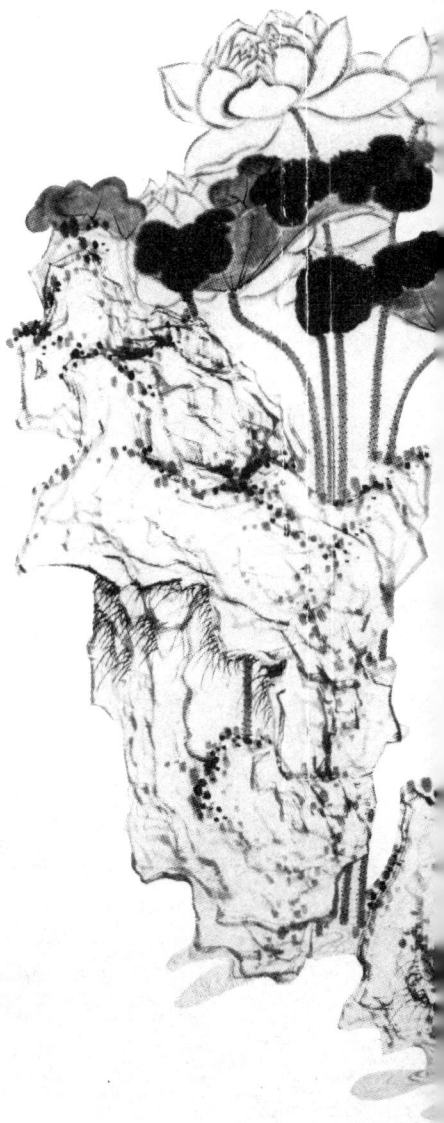

阳、河内、山西三个方向的严重威胁。因此清廷十分惊恐，多次下达谕旨，要防军固守北宁。但统帅徐延旭老迈昏庸，刚愎自用，对现代战争的战略战术一无所知。他在清流派人物的吹嘘荐举下，受到清政府破格提拔，骗得了巡抚高官之后，即致电清廷告病，以种种借口拒绝亲临北宁前线，后来在清廷的多次催促之下才勉强出关，驻守谅山。徐延旭把北宁的作战指挥权交给了左路统领广西提督黄桂兰，和右路统领广西道员赵沃。黄桂兰虽然是行伍出身，但他的部队装备落伍，火炮数量少，步兵中只有

部分士兵使用进口或仿制的比较先进的
步枪，且子弹稀缺；不少士兵仍使用刀
矛、鸟枪、土枪等杂式武器。赵沃不仅
昏庸无识，而且年老多病，在形势紧张时，
多次上书称病告假，但却受到徐延旭的
信任。黄、赵二人地位相当，互不相让，
因此左、右两路军互不统属，各成系统，
此乃兵家之大忌。况且，前线的将领们
此时已经被上面的政策弄糊涂了，不知
道到底是和还是战，他们以为驻军只是
摆摆样子而已，生怕自己的挑衅坏了和
议大局，因此备战并不认真。

1884年2月，米乐接替孤拔成为法国远征军少将总司令，率领一万六千人进军北宁，意图把中国军队彻底赶出越南。

3月7日，米乐、波里也率第一旅六千余人渡过红河，8日以一部兵力由嘉林佯渡新河，制造出法军沿慈山大路向北宁进攻的假象，主力则沿新河南岸向东疾驰；同日，尼格里率第二旅六千余人、舰船二十余艘，从海阳出发沿太平江北上，上午9时开始攻击扶朗，清军陈德贵等营被法军包围。黄昏时分，陈德贵

等营冲出敌围，败退六七里，扶朗失陷。

9—11日双方调整部署，清军将扶朗战场上败退下来的四营兵力重新做了部署，但没有增派兵力加强涌球水路的防御。此时，法军陆路进攻部队完成了准备。

12日法军水陆并进，分三路向北宁进攻；一路由城南的新河北攻，一路由城东西攻，一路乘舰船驶至城北之涌球进攻。陆路法军在桂阳、揽山、左河等地与清军激战。水路法军舰船沿江北上，突破涌球塞河处，猛攻涌球土山。据守

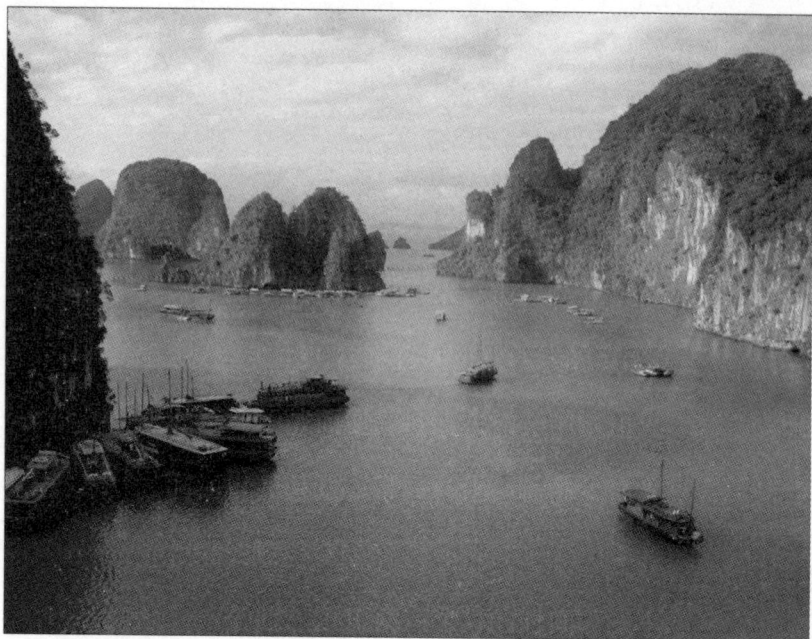

涌球的提督陈朝纲两营闻炮顿溃，附近的周炳林营亦溃。法军占领涌球土山后，将大炮安置在山上，直接轰击北宁城，对北宁造成严重威胁。黄桂兰、赵沃急忙商调慈山各军来援。慈山之军不能应急，副将党敏宣八营远避六头外，屡调不至，再加之没有战役预备队，无法组织反击或是增援受威胁最大的涌球方向。北宁守军再无力坚守城池，于是选择弃城而逃。清军随即全线崩溃，退至太原、谅江一带。12日晚，法军进入北宁城，13日继续追击清军，连克太原、谅江、郎甲等地。桂军退守谅山以南山地，黑旗军撤回兴化。

北宁战役历时五天，清军伤亡一千余人。4月初，法军移兵进攻西线的滇军。岑毓英不战而退，将滇军撤至中越边界的河口、保胜一带。兴化、临洮、宣光相继失陷。

至此，短短两三个月的时间，法军基本控制了越南北部整个红河三角洲所有重要城镇。

山西、北宁失守的消息传到北京，舆论一片哗然。慈禧太后极为震怒，将前军主帅徐延旭革职，后发配新疆。黄桂兰已自杀身亡，免于追究。但这并不足以平息太后心中的怒火，于是全面改组军机处。恭亲王奕䜣被黜退，他的同事们，宝鋆、李鸿藻、景廉、翁同龢，一概以"委蛇保荣，办事不力"的罪名

逐出军机处。新的权力班子，以礼亲王世铎、户部尚书额勒和布和阎敬铭、刑部尚书张之万、工部左侍郎孙毓汶五人为军机大臣，贝勒（后为庆亲王）奕劻主持总理各国事务衙门，而实际大权掌握在醇亲王奕譞（光绪帝生父）的手中。随后为了表示重整旗鼓，鼓舞士气，又任命潘鼎新为广西巡抚，张凯嵩为云南巡抚，要求二人以上到任，进行善后。

（三）《中法会议简明条款》

1884 年 4 月，法国海军中校福禄诺通过粤海关总税务司的德国人德瑶琳，向李鸿章提出谈判要求。福禄诺给李鸿章捎了封信，说如果中国承认越南和法国的保护协定，并允许法国人在西南地区通商的话，可以在措辞上顾及大清帝国的颜面，并且可以在军费赔偿上做出让步，但要是不答应的话，法国就要再

派舰队扩大战局。这封信，虚虚实实，实实虚虚，要求中国面对现实是实，维护面子是虚；赔偿军费是虚，扩大权益是实。

李鸿章对这场战争本来就没什么兴趣，一开始就不主张为了越南去以卵击石，现在当然愿意和谈。于是李鸿章将福禄诺的信转呈总署，主张立即与法国谈判。他说："若此时与议，似兵费可免，边界可商。若待彼深入，或更用兵船攻夺沿海地方，恐并此亦办不到。与其兵连祸结，日久不解，待至中国饷源匮绝，兵心民心摇动，或更生他变，似不若随机因应，早图收束之有裨全局。"

李鸿章对当时敌强我弱的内外形势的分析并不是毫无道理，但他妥协退让的对外方针完全迎合了法国侵略者的需要。同时，李鸿章在这种思想指导下与法国人议和，无论如何也不能为国家争得利益。然而他的这种态度，也恰恰迎合了慈禧太后的意图。清廷在谕旨中说："出师护越，越不知感，法又为难，兵连祸结，亦非万全之策。"

4月22日，军机处传旨李鸿章说"事属可行，许其讲解"，批准了李鸿章与福禄诺议和的建议。

于是，经过短暂的谈判，5月11日，李鸿章与法国代表福禄诺在天津签订《中法会议简明条款》（又称《李福协定》）。主要有五款内容：中国承认法国与越南签订的条约和对越南的保护权；法国与越南修约时，不出现有损中国体面的字样；中国驻越清军调回境内；法国不索赔款，中国在中越边境开埠通商；

三个月后，双方派遣全权大臣，制定详细办法。

《中法会议简明条款》只是初步协定，具体条款还需要进一步议定。5月17日，福禄诺交给李鸿章一份节略，通告法国已派巴德诺为全权公使来华谈判详细条款，但在中国军队撤军接防问题上，福禄诺自说自话，单方面规定了在越南北部全境向中国军队原驻地分期"接

防"的日期。

对此，李鸿章既没有同意，也没有明确表示反对，而且没有上报清廷。李鸿章之所以不上报朝廷，关键在于双方对"调回边界"的理解不同。清廷的理解是清军调回边界地区，而不是中国境内，而法国人的理解则是要求清军撤出越南境内。正因为如此，李鸿章才把这事给瞒了下来，唯恐清廷不同意，导致整个和谈功亏一篑。

6月6日，法国政府与越南皇帝阮福明订立《第二次顺化条约》，否定了清朝对越南的宗主权。

（四）北黎冲突

福禄诺的本职工作是海军舰长，并不是职业外交家，规定撤兵时间本来是重大问题，但他对外交辞令一无所知，在没有取得任何凭证的情况下，他就把李

鸿章的含糊其辞当成了明确的应允。于是他以为事情已经便办完了，第二天便奉命起程回国，同时通知在越南的法国远征军总司令米乐："中国人答应限期撤军！"

6月23日，米乐派遣杜森尼中校率领一支九百人的部队到谅山附近的北黎接防，要求清军立即退回中国境内。中国驻军没有接到由李鸿章代表的清廷的撤军命令，不敢擅自决定，所以要求法军等待清廷的回命。争执之下，杜森尼开枪打死清军谈判代表,并命令法军炮击清军阵地,清军被迫还击。战至深夜,双方对峙。24日晨,清军除了以两营作为预备队留守驻地外,其余六营全部投入战斗:三个营守大路正面抗击,一个营从右侧迂回攻击,两个营从左侧包抄断敌人后路。法军三面被攻,被迫收缩,拼死抵御。清军越战越勇,正面抗击部队听得两翼攻击部队枪炮声激烈,立即出击,极力猛攻,法军支持不住,被迫溃退。清军追击数里后退回驻地。

　　两天交战下来，法军死伤近百人，清军伤亡更是惨重。这次事件史称"北黎冲突"（又称"观音桥事件"）。

　　事件发生后，法中双方相互指责对方破坏和约，然而事件毕竟是由杜森尼杀害中方谈判代表引起的，主要责任显然是在法国一边。但是强横的法国人却不这样认为。法国总理茹费理在下议院

公开叫嚣：谅山之事是中国预谋已久的
攻击和设伏。

6月28日，清政府总理各国事务衙
门首席大臣奕劻对前来递交抗议照会的
法国驻中国代理公使谢满禄明确指出：
"谅山是中国驻兵之地……法兵前往谅
山，扑我营盘，先行放炮，中兵不能不
抵御。"中国政府并再三表示，在《中法
简明条约》之外不存在李鸿章与福录诺
的续约，因此，也不存在中国违反条约
之说。

7月12日，法国代理公使谢满禄向清廷发出最后通牒，限中国立即从越南撤军，并赔偿军费二亿五千万法郎（约合白银三千八百万两），要求清朝七天之内予以答复。13日，法国新任驻中国大使巴德诺更加露骨地表示："如果我们在各点上没有获得满足的话，我们绝对是要坚决使用武力的。"同一天法国海军部长裴龙在发给法国远东舰队司令孤拔的

电令中说："派遣你所有可调用的船只到福州和基隆去。以防我们的最后通碟被拒绝，一定要先拿下这两个埠口。"

7月14日，法国两艘军舰以"游历"为名，驶进福建闽江口。16日，孤拔也乘军舰到达闽江口。巴德诺在上海叫嚣，如果中国不接受法国的条件，孤拔就要执行最后通牒，消灭福建海军，摧毁马尾船厂，占领福州。

清政府虽然认为法国明显是在无理勒索，但为了避免事态扩大，还是派两江总督、南洋大臣曾国荃为全权大臣于7月下旬在上海与巴德诺谈判。巴德诺咬住二亿五千万法郎的赔款坚决不松口，这离中方最终所能承受的底线——五十万两白银（约合三百三十万法郎）相去甚远，于是谈判破裂。

战争进一步升级，并在中国东南沿海地区和越南北圻两个战场上同时展开。

三、战争第二阶段
（中国东南沿海战场）

　　为了达到索取巨额赔款的目的，法国决定"踞地为质"，迫使清政府就范。选来选去，法国觉得"台湾是最良好的、最适当的、最容易守、守起来又是最不费钱的担保品"。

　　台湾岛四面环海，和大陆唯一的交通联系方式是海路。一旦法国凭借海军优势切断海路，在兵员、枪炮、弹药、粮米等方面都仰仗大陆供给的台湾，只凭借自身能力很难在现代战争中长期存活。而且台湾四面环海，法军可以依靠海军优势随意选择进攻点或直接登陆，因此台湾守军只能处处设防。这就在无形中弱化了守军本来就不大明显的兵员数量优势。而最重要的一点，在于法国远东舰队觊觎的基隆煤矿是本地区最好的煤矿，是清政府投资二百万两白银兴办的重要洋务企业，失去它对于台湾守军以至于对整个清政府都是一个巨大的损失。

台湾岛的条件将守卫者逼到了一个进退维谷的尴尬境地，但是守土有责，

这个光荣而艰巨的任务落在了台湾第一任巡抚刘铭传的身上。

（一）刘铭传临危受命

刘铭传（1836—1896 年）安徽合肥西乡大潜山人，字省三。兄弟中行六，幼年时染过天花，脸上留有麻点，因此被人称为"刘六麻子"。刘家世代务农，生活窘困。刘铭传自幼性格顽劣，喜欢耍枪弄棒，但为人豪爽仗义，耿直勇敢。一度因贩卖私盐、打家劫舍，成为官府追捕的要犯。1854 年刘铭传接受官府招安，在乡兴办团练。此时太平天国运动正如火如荼地展开，刘铭传率团勇与太平军对抗。1859 年率团勇攻陷六安、驰援寿州，因功升至千总。1862 年，率团勇编入李鸿章的淮军，号称"铭字营"。在追随李鸿章、曾国藩镇压太平天国运动和捻军起义的过程中，刘铭传因凶悍

善战，战功显赫，很快由千总、都司、参将、副将提升为记名总兵，成为李鸿章麾下的一员大将。1865年因在山东镇压捻军而提升为直隶总督，并获得清廷三等轻车都尉世职及一等男爵的封赏。1868年，奉旨督办陕西军务。后因积劳成疾，辞官回乡。

1884年为了加强台湾防务，清廷重新起用刘铭传。1884年6月24日，刘铭传进京陛见，呈上《遵筹整顿海防讲求武备折》，对国家海防进行了一番精辟的论述，让朝廷眼前一亮。6月26日，慈禧太后降旨：恩准一等男爵刘铭传由武转文，以直隶提督的名义加巡抚职衔督办台湾军务，全台镇、道各官均归其节制。

李鸿章这次对自己的老部下，也给予了极大的支持。考虑到刘铭传"临难渡台，孤身无助，不克妥筹防务，且恐难控台军"，李鸿章在从直隶的铭军刘盛休所部十营内精选"教陆操者百人，教炮队者三十人，教水雷者四人，"合计一百三十四人，会同铭军旧将——记名提督王贵扬等将领十余人，交由刘铭传带往台湾，充当抵抗骨干。同时，还承诺筹措新式毛瑟后装步枪三千杆、配齐子弹送往台湾，另再由南洋资助前装大炮十尊、后装小炮二十尊、水雷数十具，

用于基隆防务。对于刘铭传提出的在上海购买得力枪炮用于修整台湾原有的炮台体系所需花费的四十万两白银的预算，李鸿章也欣然答应。

之后，在法国人的百般警惕、严密监视下，本该在谈判桌前协助曾国荃同法国人进行和谈的刘铭传明修栈道、暗度陈仓，带着清军和大炮、枪械登上了开往台湾的商船。

　　7月16日，刘铭传到达基隆。第二天即巡视要塞炮台，检查军事设施，并增筑炮台、护营，加强台北防务。

　　此时的台湾防卫部队总共有四十营，一万六千五百人，归台湾兵备道刘璈统一指挥。刘璈虽然也算是干练能臣，但知识结构已经严重老化，不足以应对现代战争。他把其中三十一营的兵力都放在了台南，牢牢控制在自己的手里。在台北地区仅仅投入孙开华的三个营和曹志

忠的六个营，而且不肯往台北多投一分钱的防务费用。

在这种情况下，刘铭传真正能控制的部队不过是台北的孙开华和曹志忠部，算上其后增援的章高元部最多不超过五千人。在粮饷、器械、弹药都缺乏的情况下，面对着法国人强大的海上优势，要守住台湾，刘铭传面临着巨大的挑战。

（二）基隆大捷

8月3日，法国远东舰队副司令利士比率领三艘军舰杀气腾腾地出现在基隆外海。4日，利士比向基隆守军发出照会，要求将基隆的防御工事"移交"给法军接管。守军当然不予理采。

刘铭传意识到法国人在基隆最大的优势，在于海军舰炮的火力。因此决定放弃滩头，避开法军舰炮火力，诱敌深入。刘铭传在基隆滩头后的山中布下三面伏兵——曹志忠的六营主力负责正面拦截，章高元、苏得胜的精锐亲兵从东面突袭法军左翼，邓长安的亲军小队负责从西面攻击法军右翼。5日，法舰在利比士的指挥下齐向基隆炮台猛烈开火，使整个炮台陷于一片火海之中。守军死伤十余人，向内地撤退。法军登陆，占领基隆港，接着将港内各种设施和炮台

全部破坏。6日下午，利士比派遣三百名
陆战队向基隆市街搜索前进，并攻击附
近高地。整个过程没有遇到清军的丝毫
抵抗。可没想到刚刚翻过山头，立刻陷
入了清军三面火力的夹击之中。由于隔
着山，法军的舰炮火力无法对陆战队进
行支援。经过几小时的激战，法军伤亡
一百余人，狼狈撤回了海上，侵占基隆
的计划破产了。

　　法军侵犯基隆，首战即告失败，挫
掉了巴德诺在谈判桌前不可一世的嚣张

气焰，因"观音桥事件"而狮子大开口
的二亿五千万法郎赔款，被他不动声色
地"下调"到了八千万法郎。而此时整个
北京城都沉寂在"基隆大捷"的欢腾的
海洋当中，当然再次拒绝了法国的要求。

　　法国当局恼羞成怒，宣称将"使用
各种必要方法"使中国屈服。

（三）马尾海战

　　8月16日，法国议会通过三千八百万
法郎侵华军费，准备大举侵华，并将打
击目标选在马尾。

马尾是闽江下游的天然良港，福建海军和船厂均在港内。自"观音桥事件"后中法谈判以来，法国军舰已在港内"游历"了近一个月的时间。主持福建军务的钦办福建海疆事宜大臣张佩纶、闽浙总督何璟、船政大臣何如璋、福建巡抚张兆栋和福州将军穆图善等人，因为担心阻止法舰进入港内会引发冲突，弄不好会影响中法和谈，责任太大，于是便听之任之。同时严令福建水师各舰"不准无命自行起锚""不准先行开炮，违者虽胜亦斩"。于是，法国军舰在马尾港进进出出，自由自在，而中国军舰则处在法舰监视之下，不得移动。

8月17日，清政府见和谈无望，下令沿海、沿江各省加强防备，但对马尾方面，仅指示法舰在内者，应设法阻其出口；其未进口者，不准再入，并未解除不得主动出击的禁令。

当时泊于马尾的法国军舰有八艘，

排水量为一万四千五百吨，重炮七十七门，鱼雷艇两艘，官兵一千八百人。另有两艘军舰在金牌、瑁头一带江面，防止清军塞江封口，保障后路的安全。福建水师虽然有军舰十一艘，但排水量仅九千九百吨，普通火炮四十七门，官兵一千一百人。法国舰队大都是铁甲船，而福建水师却都是些木肋兵船。法国舰队配置的重炮，可以轻易击穿福建水师的木肋甲板，而福建水师的火炮对法国舰队的铁甲基本没有威胁。从吨位、防护能力、重炮数量、兵员素质等方面来看，法国舰队有着明显的优势。最为糟糕的是，福建水师清军的战舰大都是法国人设计监造的，各舰的性能对法国人来说毫无秘密可言，交战双方根本不处于一个等级。

8月22日，法国政府电令孤拔消灭中国福建海军。孤拔决定，次日下午趁退潮船身转移方向时开战，因为那时福

建水师的军舰正好暴露在法国舰队的炮火之下。

8月23日上午8时，法国驻福州副领事向何璟发出最后通牒，限福建海军于当日下午撤出马尾，否则开战。何璟得知后，手足无措，竟然对福建水师将士封锁消息。

马尾港内的各国领事和商人纷纷下船，明显是要开战的样子。福建水师的将士们见情况紧急，强烈要求做好临战准备。但张佩纶居然斥责请战将士，连军火武器也不下发。等到下午一点，法国舰队已经升火起锚，张佩纶和何璟等人这才慌了神，赶紧派人去见孤拔，要求明日再战。这显然是不可能的。

8月23日下午1时56分，孤拔趁落潮之机，指挥法舰突然发起攻击。福建水师战舰未及起锚即被敌炮击沉两艘，重创多艘。广大爱国士兵义愤填膺，奋起还击。旗舰"扬武"号在驾驶官詹天佑和管带张成带领下，不顾何璟的禁令，事先作好战备。当法舰开炮时，立即沉着应战，用尾炮准确地袭击法军旗舰"伏尔泰"号，击毙法军六名。法军鱼雷艇见"扬武"号凶猛，便偷袭过来并发射了几枚鱼雷，"扬武"号不幸被击中，随后搁

浅沉入港中。水师岸防大炮随即命中这艘鱼雷艇，使之锅炉爆炸，丧失作战能力。炮艇"福星"号刚一开战，就已经被法舰击中，船上燃起熊熊大火，但官兵们在危难时刻毅然断锚转向，冲入敌阵，瞄准敌人旗舰猛烈射击，连续命中。后"福星"号遭到法舰三面围攻，在重炮轰击下，火药库中弹爆炸，全艇官兵壮烈殉国。战舰"扬威"号在法舰开炮后，也立即勇敢回击。当它在两艘法舰的夹击下被打穿船体后，舰上官兵置生死于不顾，仍然顽强发炮挫伤法舰，直到被法鱼雷艇击沉前的刹那间，还发射出最后一发炮弹，重伤法舰舰长和两名士兵。"飞云"号、"福胜"号也都临危不惧，奋战到底，直至最后沉没。

江面战斗进行了约半小时，福建海军十一艘舰艇全部被法舰击沉，海军将士伤亡七百余人。法军仅死伤三十余人，两艘鱼雷艇受重伤，其余为轻伤。

而就在将士们的鲜血染红马江之际，作为福建前线最高指挥官、一直以"主战派"的形象出现在大家面前的张佩纶临阵脱逃。

8月24日上午，法国舰队用重炮轰击马尾船厂。清廷洋务派苦心经营了十八年的造船基地福州船政局，在战火中遭到严重破坏。此后几天，法舰又沿马江从上游炮击两岸炮台。由于两岸炮台都是把大炮建在坚固的石灰炮眼里，只能向海面的一方发炮，对来自上游的敌人无法攻击，结果全被法舰轰毁。之后，法舰扬长而去。从此，法军牢牢地掌握了台湾海峡的制海权，得以随心所欲地全力侵台。

马尾海战惨败，清廷朝野震惊。从"基隆大捷"后的欢乐心情一下子跌入低谷。在主战舆论的压力下，8月26日，清廷发布上谕，正式对法国宣战，谴责法国"横索无名兵费，恣意要求""先启兵端"，令陆路各军迅速进兵，沿海各地严防法军侵入。

（四）保卫沪尾

9月，法国远东舰队军舰增至二十余艘，海军陆战队达到两千余人。孤拔做出决定，亲自率领五艘军舰进攻基隆，并派利士比率三艘军舰进攻沪尾（今淡水），得手后，两路夹攻台北府（今台北），进而占领台湾北部。

10月1日，孤拔率多名士兵在十余艘军舰百余门大炮猛烈的炮火掩护下，再次向基隆发起猛攻。守军奋勇抵抗约两小时，伤亡百余人，最后被迫后撤。法军乘势登陆，并且夺取了仙洞山高地，然后将大炮拖上山顶，准备进一步集中兵力，为前线提供炮火支援。

就在同一天，利士比率领三艘巡洋舰以及四百名陆战队员到达了沪尾。但

是，利士比并没有立即发起攻击，而是发挥"骑士精神"向在沪尾的外国人发出照会：法军将在二十四小时后攻击沪尾，外侨立即疏散。这就等于向守军宣战：我要进攻了，就在一天之后！

利士比的计划是攻击发起后，以猛烈的舰炮火力摧毁清军炮台，杀伤清军的有生力量，控制沪尾河，并伺机登陆。但这只是利士比的一厢情愿而已，已经事先得知法军进攻时间的清军，这次并没有像马尾海战时那样坚持"坚决不挑

衅，不打第一枪"的"优良作风"，在 10 月 2 日上午 6 点抢先开火！之所以选择这个时间，是因为这时太阳刚好升起，法舰正好面对着阳光，炮手的眼睛一时间被阳光刺得睁不开，法舰的火力会大打折扣。

果然，一天的炮战下来，法舰居然连沪尾的炮台体系都没有伤及分毫，更别说凭借手头四百人的陆战队登陆冲击沪尾城了。焦头烂额的利士比向孤拔发出了增援的请求。巧合的是，守卫沪尾的李彤恩也向刘铭传发出了求援信。

刘铭传意识到孤拔的目标是台北府。

因为这里既是台湾北部的核心之地，也是清军统帅所在地，并且屯集了大量的军械、粮饷。但是法军要想控制台北府，必然会先行夺取基隆或者沪尾两处当中的一处，因为这两处是直指台北府的必经之地。由于台湾兵备道刘璈始终死死抓着台南的三十一营不撒手，刘铭传手头的兵力实在有限，只能依靠仅有的孙开华、曹志忠、章高元等部不足五千人的兵力同法军进行周旋。在这种形势下，要想保住台北府，刘铭传考虑到，如果基隆和沪尾"两头守"，必然将全部失守，那不如放弃其中之一，将有限的兵力集中到守性命攸关的一点。刘铭传权衡：如果放弃沪尾，台北府将无险可守，法军将一路坦途地攻入台北府，到时基隆的守军也将不战自溃！"必至全局瓦解，不可收拾"。基隆炮战的巨大损失使刘铭传清醒地看到，在实力悬殊的情况下和法军的优势火力硬拼无异于是以卵击

石，唯一可行办法的就是把法军放到岸上、使其脱离优势舰炮火力的支援范围后，再通过目前法军还没有应对之法的游击战术打他个措手不及。因此若放弃基隆城，守军大可以依托基隆附近的崇山峻岭继续抵抗，既可以避开法国人的舰炮火力范围，又可以凭借良好的环境掩护和自身对地形的熟悉来消耗法军原本就不充足的登陆部队，使得原本就势单力薄的法国海军陆战队更加迅速地消灭掉。没有兵，孤拔是断然不敢贸然深入内陆的，而我方的防线照样是完整的。

刘铭传在接到求援信之后，立刻拍板：放弃基隆，移师沪尾！

在放弃基隆城之前，刘铭传命人炸掉基隆煤矿，向残余的矿坑内注水，并在已经开采出来的一万五千吨存煤上放了一把大火。做完这一切后，刘铭传在狮球岭一线留下了三百人，依托山峦险峻，牵制孤拔的主力，自己则率领曹志忠部的湘军、章高元部的精锐淮军，连夜向沪尾方向增援。

10月3日法军占领基隆后，于8日又对沪尾发起进攻。利士比以七艘战舰疯狂地炮击沪尾市街和各处据点。一个半小时后，六百多名陆战队员开始分乘武装小艇和平底驳船在预定的登陆场登陆。整个过程异常顺利，没有遭遇清军丝毫的抵抗。但当六百余名法军刚刚接近白炮台的丛林地带时，担任正面拦截的孙开华部两营伏兵率先开火；埋伏在红炮台后的章高元部和刘朝祜部也突然冲出，杀向法军右翼；而张李成部的士勇则凭借对地形的熟悉，渗入到法军侧后。法军乱作一团，歇斯底里地疯狂乱射。最终法军弹药用尽，全线崩溃，只得奔向海滩，逃回舰上。

在这场战斗中，法方统计己方死二十七人，伤四十九人。而刘铭传在给朝廷的奏折中说："我军阵亡哨官三员，死伤兵勇百余人，法军被斩首二十五级，枪杀三百余人。此外又俘获法兵十四名，枭首示众。"

经过这次战役，法国人不得不承认："淡水的败战突然发生，它一方面使我们看出中国兵力的强大，一方面使我们明白局势的危险。这次败战是难以补救的。"自此以后，法国舰队只能轮流在沪尾河口对这个海港实施封锁，再没有能力发

动进攻了。

10月11日，法国拟定新的和议条件，其中一条是法国占领基隆、沪尾作为可以接受第三者调停的先决条件。沪尾大捷此刻正振奋着清朝统治者的神经，于是当即拒绝了法国的条件，并于10月29日补授刘铭传"福建巡抚，仍驻台湾督办防务。"

（五）打破封锁

沪尾之战的失败让法国"很受伤"：占领台北府的战略企图成了泡影，法军占据在基隆陷入进退两难的境地。前进，力量不足；后退，法兰西的"威严"将受到羞辱。同时，"踞地为质"的目的迟迟实现不了。基隆虽然占住了，却是清军主动放弃的，压根儿就别指望清政府会为赎回这种"地质"而掏出银子来！

为了挽救进攻受挫、和谈停顿的困

境，法国侵略者宣布自 10 月 23 日起封锁台湾海峡。

法军的封锁使台湾对外贸易及交通中断，生产停滞，粮饷告急。在这种情况下，全台军民同仇敌忾，有钱出钱，有力出力，支援前线。许多大陆大小船只，不顾风浪和被截捕的危险，采取夜航、偷渡或在东南部海岸登陆等方式，突破法军封锁线，把三千名淮军、六十门钢炮、九千支步枪、二百万发弹药、四十只鱼雷和十万两饷银安全运到台湾。沿海地方当局也纷纷"协饷馈械，南洋最多，北洋次之"。此外，云南广西两省军队也趁机向安南边境的法军阵地进攻，

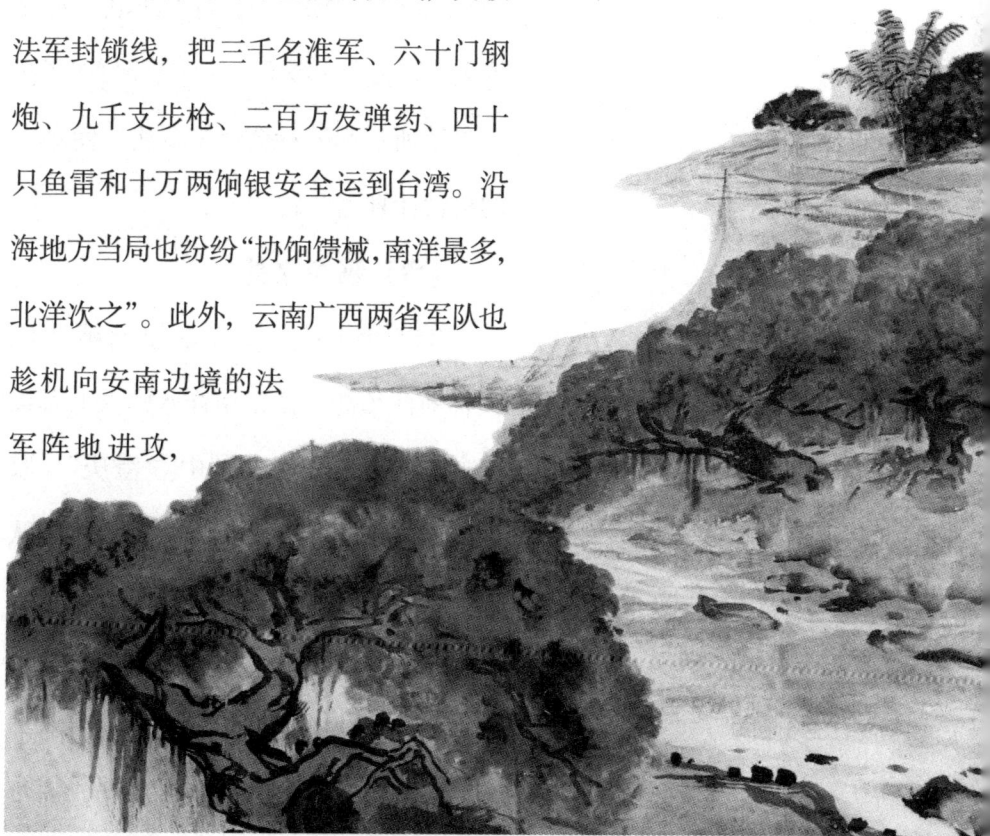

作为牵制。刘铭传为鼓舞气势，亲临前线，与广大将士同饮共食，同甘共苦。在全国上下的大力支援下，台湾终于度过了法军封锁所引起的社会经济危机，使敌人的封锁计划完全破产。

（六）镇海之战

1885年1月，孤拔率领七艘法舰骚扰浙江镇海，截击南洋水师由上海援助台湾的五艘军舰。其中，"澄庆""驭远"两舰由于航行速度较慢，脱离舰队就近避入了浙江石浦，被法国军舰追上。2月15日，这两艘军舰被法舰的鱼雷击沉。另外三艘巡洋舰，"开济"号、"南瑞"号和"南琛"号，因为速度较快，而且当时海上大雾弥漫，从而摆脱了追击的法国舰队，避入岸防严密的浙江镇海口。击沉"澄庆""驭远"两舰后，法国舰队离开石浦，在得知"开济"等舰停泊在镇海口后，2月底3月初，便又前来进犯镇海。浙江提督欧阳利见早已在镇海海口严密布防，钉上木桩，沉下石船，并在口外设水雷，在各要隘密布地雷，在南北两岸增修长墙，添筑炮台，分兵扼守。面对来犯的敌人，守军在欧阳利见的指挥下沉着应战。在守军猛烈的炮火中，法国人的多次袭击不但没有成功，自己的旗舰反被击伤，指挥官孤拔本人也在炮战里中弹，最后只得悻悻撤离镇海。

3月29日，法军向澎湖发起进攻。31日，占领澎湖岛。6月11日，孤拔病死在澎湖岛上。

四、战争第三阶段
(越南北圻战场)

清政府正式对法宣战后，中法之间的战事在东南沿海一带激烈进行的同时，双方在陆上的战争也在如火如荼地展开。

陆路战场主要集中在越南北部地区。清政府鉴于法军海上势力的强大，确立了东南沿海防御、北圻陆路反攻的战略方针，决定在陆路西线战场上，由滇军和黑旗军联合进攻，夺取被法军占

领的宣光城；在东线战场上，由桂军负责进攻谅江和太原，随后与西线清军会师，联手合攻北宁和河内的法军。

（一）围困宣光

1884 年 8 月，清政府封刘永福为记名提督并赏顶戴花翎。由此刘永福和他的黑旗军得到清政府认可，正式"转正"。

1884 年 12 月—1885 年 3 月，在云贵总督岑毓英的指挥下，刘永福的黑旗军配合西线清军，围困占据宣光城的法军。刘永福在离宣光十余里的左育驻扎重兵，并用竹排、木筏拦河踞守，断绝法军运送粮械的道路。

城中法军在几乎弹尽粮绝的情况，向河内法国全权大臣发出救援信。他们把求救信装在成千个竹筒和玻璃瓶内，上面插杆小旗，写道："有谁拾得此信，报上法国全权大使者，赏银二十元。"然后将竹筒和玻璃瓶投入红河，让它们顺水漂流，向河内法军求援。

刘永福断定河内法军总部得悉此事后，一定会派援兵，而且会取道左育，于是令人在左育附近野草丛生的大荒坡埋下两万斤炸药，铺上草皮，伪装成坟墓，准备一举歼灭敌人。

1885年3月2日，法军援兵从太原向宣光张牙舞爪地冲袭而来。待敌人进入伏击地段后，黑旗军拉发火引，一阵震天巨响，山崩地裂，硝烟冲天，法军被炸死炸伤四五百人，其中军官二十多人，伪军死伤不计其数。法军吃了苦头，咬牙切齿地施以报复，利用密集炮火轮番射击，组织兵力猛烈冲锋，宣光城内法军也乘机反扑。黑旗军力无法支撑，岑毓英只得下令撤围。黑旗军退守临洮。

3月23日，法军进犯临洮。刘永福联络奉命抗法的滇军和越南义勇队，共同阻击来犯之敌。鏖战一日两夜，敌军

精疲力竭，死伤惨重，只得乘黑夜潜逃。刘永福挥师乘胜进击，连克临洮府和广威府等十余个州县，有力地照应了东路抗法清军，转败为胜。

刘永福在援越抗法战争中英勇不屈，取得辉煌战绩，引起法国侵略者和中国的投降派们的极端仇视和不安，一心要把他清除战场。清政府为了逼刘永福率部回国，一个月内就连下九次上谕，采取胁迫利诱、恩威并施的手法，赐予刘永福"依博德恩巴图鲁"和"三代一品封典"的荣誉。越南人民得知刘永福要离越归国，纷纷远道赶来挽留。后来，黑旗军有部分人员不愿回国，留下来参加了当地的抗法义勇队；也有部分人散落各地成为华侨或越籍

华人。1885年8月，刘永福带领黑旗军三千人从保胜启程入云南省文山县南溪，于同年11月抵南宁。清朝政府又以种种借口裁减了一千五百人。同年12月，刘永福奉令带领黑旗军一千五百人顺水东下，直抵广州，驻扎于燕圹，又被张之洞裁减去一千人。最后在刘永福身边的黑旗军旧部只剩三四百人。1886年春，清政府委任刘永福为闽粤南澳镇总兵。甲午战争爆发后，刘永福率黑旗军保卫台湾。

清军在东线的反攻开始时进展比较顺利。至1884年9月中旬，署理广西提督苏元春率领的桂军主力十三营约四千八百人进抵船头（今陆岸），记名提督方友升等部九营约三千二百人进占郎甲（今盖夫）及其以北地区。但10月上旬，法军开始反击，同时向郎甲、船头发起进攻。由于和法军在武器上有很大的差距，加上负责东线指挥的广西巡抚潘鼎新调度无方，郎甲、船头得而复失。

1885年1月底，法军第一、第二旅主力七千余人在船头一带集结完毕，随即大举北犯。2月12日，法军进攻谅山南面的重要据点委坡，潘鼎新当夜逃离谅山，苏元春随之率部退入镇南关（今友谊关）内。13日，法军兵不血刃地占领了战略要地谅山。23日，法军进犯文渊州（今同登），守将杨玉科力战牺牲，清军纷纷后撤。法军乘势侵占广西门户镇南关。但因兵力不足、补给困难，法军炸毁了镇南关城墙及附近的清军防御

工事后，退回越南境内的文渊、谅山，伺机再犯。临走前，法军在关前废墟上竖起一块木牌，得意地用汉字写上"广西的门户已不再存在了"。法军退走后，清军在关前插上木桩，上面针锋相对地写道："我们将用法国人的头颅重建我们的门户！"作为对侵略者的回答。

镇南关被破，就等于战火烧到了中国境内。当时清军的后路是广西龙州，当地商民听说此消息，纷纷举家迁徙，战败的清军游勇也大都溃散。逃军和难民成群结队，沿江而下，广西全省大震，人心惶惶。在危急形势下，清政府革去潘鼎新广西巡抚职务，任命年近七旬的老将冯子材帮办广西军务，领导镇南关前线的抗法斗争。

（二）老将冯子材

冯子材（1818—1903 年）字南干，

号萃亭。生于广东钦州（今属广西）。自幼父母双亡，流落江湖。他曾做过木工，跑过牛帮，在贫困中度过了许多岁月。在社会风气和亲友言行的熏陶下，冯子材的思想中充满了儒家的正统观念，并以此来严格要求自己。1850 年率众起义，次年投奔天地会领袖刘八。不久冯子材接受朝廷招安，随广西提督向荣尾追太平军至南京城外，积功升至总兵。1862 年擢升广西提督，驻军镇江，配合湘军围剿太平军。之后又相继在广东、广西、贵州等地镇压农民起义，为清廷立下了赫赫战功。1869 年至 1879 年间，冯子材受越南政府邀请和清廷派遣，三次出关平定退入越南的广西农民起义军和哗变的清军，由于所率军队纪律严明，被当地人称为"冯青天"，享有很高的声誉。1881 年，冯子材因为和上级徐延旭关系不和，屡遭其排挤，便"称疾"解

甲归田。中法战争爆发后，听到清廷已经对法宣战，老将心忧边事，不顾自己已年近古稀，上书朝廷，要求率兵入越抗法。

（三）镇南关大捷

1885年2月，驻越清军战败，逃回中国境内，溃不成军。新任两广总督张之洞举荐已经解甲归田的老将冯子材出山。张之洞在奏章中称冯子材"老成宿将，熟习边境军务，威望远播""冯虽老，闻未衰，将才难得"。于是年近七旬的老将冯子材被任命为广西关外军务帮办，挑起了保卫南部边疆的重担。

冯子材以极快的速度召集旧部，募集"萃军"十八营（"萃军"，因冯子材号"萃亭"而得名），开赴广西前线。为表示此行抗敌的决心，冯子材把他的两个儿子带在身边，以备料理后事。临行时他嘱

咐家人，一旦广西守不住了，就把祖先牌位迁回江南祖籍——冯子材誓死不做亡国奴。

冯子材赶到镇南关后，根据前线清军各部之间多存派系门户之见的现状，首先召集前敌诸将晓以大义，使各将领在抗击侵略者的斗争中团结起来。各将领共推冯子材为前敌主帅，统一指挥协调各军的行动，这就为挽回败局创造了必要的前提。

由于镇南关城墙和防御工事都已被法军破坏，冯子材经过实地勘察，决定

以镇南关以北十里处的关前隘作为诱敌
聚歼的主战场。关前隘是镇南关以北的
一个通道地区，地势险要，中间只有一
条宽约两里的关道，东西两面都由高山
夹峙。关前隘南面的谷地宽两里，谷地
南端至镇南关都是起伏不平的山丘，人
称横坡岭。冯子材令所部士兵在东西岭
之间构筑一道三里的长墙拦住关道。长
墙用草皮土石堆砌而成，两米多高，三
米多宽，每隔三十米左右开一个缺口，

缺口上安有栅门。长墙外，冯子材则命士兵挖了几千个梅花坑，坑上盖着草皮，并在东西两岭半山腰挖了四尺宽的深堑，切断关道，以利坚守，从而构成一道坚固而完整的山地野战防御阵地体系。

在兵力部署上，冯子材将各军分为左中右三军，互为犄角，相互照应。冯子材和两个儿子亲率所部十八营萃军作为中军，扼守关前隘的长墙和两面高山险要，担任最艰苦的正面防御；总兵王孝祺部的八营勤军列于萃军后半里处，作为正面防御的第二梯队；湘军统领王德榜部的十营定边军，驻在镇南关东南十五里外的油隘，作为左路军，准备抄袭来犯敌人后路，切断敌人的补给线。魏纲所部的鄂军八营驻镇南关西面的平面关，控制由芃葑（七溪）至龙州的水道，为右路军；广西提督苏元春及陈嘉所部的桂军十八营屯于关前隘后五里的幕府村，作为总预备队；蒋字汉所部的十营广武军、方友升所部的四营抚标亲兵屯于凭祥，作为第三梯队，防止敌人暗袭；潘鼎新所率的淮军五营屯于海村，以镇后路。

另外，冯子材还在长墙主阵地后面半里、四里及纵深地区，都配置了多重预备梯队，进可攻，退可守。蒙家村由蒙大带领敢死队持大刀埋伏于坑内待命。加上驻龙州、新街等处的部队，东线清军的总兵力约达八十多营，共五万多人，前线部队兵力约两万人，在数量上占据了绝对优势。

一切准备就绪后，为了打乱法军的作战部署，冯子材决定出其不意、攻其不备，先发制人。3月21日，冯子材率王孝祺部出关夜袭法军占据的文渊，击毁敌炮台两座，取得相当可观的胜利。

清军的主动出击，使骄横的法军恼羞成怒。法军东京军区副司令尼格里上校决定不等援军到齐即发起进攻。3月

23 日早晨 8 点钟，尼格里指挥法军两千多人和三个炮兵连，兵分三路，气势汹汹地进犯清军长墙主阵地和东岭炮台。西路法军从文渊出发，经镇南关西面沿偏道入龙门关，上西岭凤尾山攻打王孝祺勤军阵地；中路法军闯过镇南关，沿关道进抵关前隘长墙外；东路法军从谅山上马鞍山后沿山脉直扑小青山的清军阵地。

上午 10 点左右，法军在炮火掩护攻占了东岭三座炮台，之后居高临下轰击关前隘长墙。冯子材一面命令各部迎战，一面商请驻于幕府的苏元春部前来接应，并通知王德榜部从侧后截击敌人。

在丢失三座炮台的危急关头，冯子材大声疾呼："法再入关，有何面目见粤民？何以生为？"守卫的清军在冯子材的爱国热情鼓舞下，个个奋不顾身，英勇抗击，誓与长墙共存亡。战斗十分激烈，"炮声震天，远闻七八十里外，山谷皆鸣，枪弹积阵前，厚者至寸许"。

下午4点钟左右，苏元春率部赶到东岭参战。王德榜部也在油隘袭击法军，并一度切断了敌人运送军火、粮食的交通线，牵制了法军预备队的增援，有力地配合了东岭的战斗。

入夜，清军进一步调整部署，由苏元春部协助冯子材守长墙，王孝祺部夺西岭，陈嘉部守东岭。冯子材还另调驻平面关的魏纲部前来抄袭法军左翼。

3月24日清晨，镇南关方圆几十里大雾弥漫，能见度不超过十步。尼格里利用这个有利时机，指挥法军分三路再次发起攻击，沿东岭、西岭、中路谷地

猛扑关前隘。法军的炮火比前一天更加猛烈，山鸣谷应。冯子材传令各部统领，无论何军何将，都不准后退，违者皆斩。

当日午时，在法军逼近长墙主阵地，并开始攀爬长墙的危急时刻，年近七十的冯子材大吼一声，手持长矛，率领两个儿子跃出长墙，冲向敌阵。全军将士见主帅身先士卒，纷纷拿起武器打开栅门，勇猛地冲向法军阵地，与法军展开肉搏。终于，中路法军败退。

与此同时，陈嘉部、蒋宗汉部在东岭与法军展开了激烈的争夺战。傍晚时分，王德榜在击溃法军增援部队并消灭其运送军火的驮马队后，从关外夹击法军右侧，配合东岭守军夺回被占炮台。这时，土孝祺也已击退沿西岭进攻之敌，并由西岭包抄敌后。

法军三面被围，伤亡甚众，后援断绝，弹药将尽，开始全线崩溃。尼格里只得下令撤退，狼狈逃回文渊。这就是威震

中外的"镇南关大捷"。

　　镇南关一役，清军取得了中法开战以来最大的一次胜利，共击毙法军精锐上千人，缴获枪支弹药不计其数，极大地鼓舞了中越两国军民的斗志，沉重打击了法国侵略者的嚣张气焰。法国人在战后也不得不承认，自他们入侵中国以来，"从未受此大创"。

　　为了扩大战果，冯子材挥军乘胜追击，不给法军以喘息的机会。3月26日，清军追击到文渊，惊魂未定的法军听到清军攻来的消息后，撒腿就跑。3月29日，清军攻克谅山，在战斗中法军指挥官尼格里重伤。慌乱之中，法军甚至将三十八门大炮和大量银元弃入淇江，狼狈南逃。3月30日，清军攻克谷松。次日，清军再攻克北黎，并收复了观音桥。此时的法军，犹如惊弓之鸟，一口气逃到郎甲、船头一带。在整个东线陆路战场上，中方出现了空前的大好形势。

　　与镇南关大捷几乎同时，西线战场
上也取得了重大胜利。黑旗军在临洮大
败法军，杀敌上千，取得临洮大捷。紧
接着，清军和黑旗军又乘胜收复了广威
府、黄冈屯、老社等十几个州县。

　　至此，越南北部战场的敌我形势已
经全然改观，胜利的天平开始朝向了清
军一边。在这种形势下，冯子材决定亲

自率领东线各路清军进攻北宁、河内，将法国侵略军彻底赶出越南北部地区。但就在这时（1885年4月7日），清政府却突然下达了"乘胜即收"、停战撤兵的命令。前线将士一片愕然，激愤得捶胸顿足，"拔剑刺地，恨恨连声"。许多士兵甚至跑到将帅帐外，写血书，立军令状，"摩拳擦掌，同声请战""战如不胜，甘从军法"。冯子材、王德榜等清军将领在大胜之下，也不想轻易放弃扩大战果的机会，便联合致电上司两广总督张之洞，要求代奏清廷，诛杀议和之人，以振士气。但清廷主意已定，无可挽回，冯子材最终被迫遵旨撤军。有心杀敌，无力回天！

战后，冯子材奉旨督办钦、廉二州防务，并会办广西一带边防。1896年赴云南提督本任。1903年奉旨会办广西军务，抱病兼程赴桂，卒于军旅。

五、战争结局

（一）中法双方议和

事实上，中法战争爆发后，各方围绕"和战"问题的外交活动和秘密谈判几乎就没有停止过。以慈禧太后为首的清政府在整个中法战争期间，即使在被迫宣战以后，也始终在或直接或间接地向法国侵略者求和。镇南关大捷本来使中国在军事和外交上都处于相对有利的

地位，但是慈禧太后担心法国会"因愤添兵"，不断扩大战争，更加担心"兵连祸结"会激起"民变""兵变"。这时主管谈判事务的李鸿章说，"谅山已复，若此时平心与和，和款可无大损，否则兵又连矣"，"当借谅山一胜之威与缔和约，则法人必不再妄求"，"乘胜与和，极为体面"。这建议正合了慈禧太后的心意。而此时，英、美、俄、德等国从维护自身利益的角度出发，也都争相进行"调停"。清政府于是以胜求和。

恰在这时，法国的内政也发生了重大变化。法军在镇南关和谅山惨败的消息传到巴黎后，引起法国政局的极大震动。好战的茹费理内阁在国内本来就不得人心，法军在战场上失败的消息更加剧了法国人民对茹费理内阁的不满。巴黎人民纷纷走上街头，高呼打倒茹费理的口号，要求茹费理立刻下台，斥责他"几使巴黎闹成革命"。法国的反对党也乘机猛烈抨击茹费理"是国家的蟊贼"，让

茹费理赶紧收拾铺盖滚蛋。3月31日晚，在一片责骂声中，茹费理内阁惶惶然如丧家之犬，轰然倒台。

新的法国政府对持续的战争也感到不堪重负。双方都不想再打下去了，因此中法两国间在进行了多日的秘密谈判后便开始互相妥协，彼此都表现出和平解决的意愿。

1885年1月，在中国海关总税务司赫德的插手干预下，清政府授权中国海关总税务司驻伦敦办事处的英国人金登干作为中国代表，同法国外交部进行秘密谈判。得到清廷授权后，金登干于4月4日同法国外交部政治司司长毕尔签订了《巴黎停战协定》（又称《中法议和草约》）。

金登干签的只是初步的合作意向书，正式文本还要双方正式代表重新谈判拟定。5月13日，清政府任命李鸿章为谈判代表，与法国政府代表、驻华公使巴德诺在天津开始谈判中法正式条约。6月9日，双方在天津签订《中法会订越南条约》（即《越南条款》或《中法新约》，又称《李巴条约》）。

条约共十款。主要内容是：

（一）中国承认法国对越南的保护权，法国约明，无论遇有何事，法兵永不侵犯北圻与中国边界，且保他人也必不犯之，中国约明不派兵前进北圻。

（二）中国约明，凡法国与越南自立之条约，现时并日后均听办理，法越往来必不致有碍中国威望体面，亦不致有违此次之约。

（三）从条约签字起，六个月内中法两国派官员勘定中国与北圻边界。

（四）法国与法国保护之人入中国，须经中国边界官员发给护照，中国人入

北圻应请法国官员发给护照。

（五）在中国云南和广西边界各指定一处通商，中国在此设关收税，法国在此设领事馆。

（六）此约签字之后三个月内，两国派员订立通商专约，法国所运货物进出云南、广西边界应纳各税照现在通商税

则要减轻。

（七）中国日后修建铁路时，自与法国商办，其招募员工，法国尽力襄助，法国不得视此条为法一国独受之利益。

（八）此约十年期满方可续修。

（九）此约签字后法军立即撤出基隆，并解除海面封锁，一月内从台湾、澎湖全行退尽。

（十）中法前定各约除现议更改外，仍应一体遵守。

11月28日，此条约在北京交换批准。

它的签订使中国放弃了对越南的宗主权，法国获得了对越南的保护权。由此，越南变成法国的殖民地；中国开放西南部边境，使法国获得了通商滇桂之权，为法国从中国汲取最大的商业利益奠定了基础；中国允许法国在中国建造铁路，为法国工业开辟了一条出路。

中国在这次反侵略战争中，本来有可能取得最后胜利，但是由于清统治者的懦弱、妥协，胜利的成果最终被葬送。在随后的1886年到1888年，根据《中法新约》的约定，清政府又被迫与法国签订了《中法越南边界通商章程》《中法界务条约》《中法续议商务专约》等一系列不平等条约，使法国又得到很多权益。中国西南门户洞开，法国侵略势力以印度支那为基地，长驱直入云南、广西和广州湾，并使之一度纳入法国的势力范围。

（二）评价

中法战争是由于法国武装入侵越南，并企图以越南为基地，进而入侵中国引起的。法国的侵略行径，极大地促进了中国人民反帝爱国运动的蓬勃发展。战争期间，香港工人举行了声势浩大的罢工，拒绝为法国人工作，海外侨胞也纷纷支援抗法战争。当时的英国驻香港总督鲍恩曾经说过："一种前所未有的磅礴的民族气节表现了出来——1860 年时，我们在作战中要用多少小工就能用到多少小工，可是在 1884 年时，香港却没有一个中国人肯替法国人修船；有许多人认为，这次战争将被证明是'中国现代

史的转折点'。"赫德也不得不承认："法
国的行动，已掀起中国人民的爱国热情，
全国各地一致同情政府。"中法战争中中
国军民所取得的辉煌胜利，充分显示了
中国人民革命的伟大潜力；遍及全国的、
气势磅礴的反帝爱国运动，使中华民族
与帝国主义的矛盾，逐步上升为中国社
会的主要矛盾，人民群众的斗争锋芒从

单纯反洋教运动逐步转向反对整个列强的侵略势力。由此可见，中法战争是中国人民反对帝国主义侵略运动的先导，它把中国人民反帝爱国斗争推到了一个新阶段，为之后发展为大规模反帝爱国运动打下了坚实基础。

中国军队在战场上节节胜利，而清政府仍然同法国签订了不平等条约，这样的一种结局使中国人民进一步意识到

了民族危机的加剧和清政府的腐败无
能，自觉和不自觉地努力为改变国家的
命运而寻找新的出路。战后，许多爱国
志士开始探索救国救民的道路，最突出
就是维新变法的代表人物康有为和民主
主义革命的先行者孙中山。康有为论认
为"自马江败后，国势日蹙，中国发愤，
只有此数年闲暇，及时变法，犹可支持，
过此不治，后欲为之，外患日逼，势无
及矣!"1888年他上书光绪皇帝提出变

法维新的主张，强烈要求清政府变法图存。康有为的变法维新的思想，很快在受资产阶级思想影响的知识分子中形成一种社会思潮，为 1898 年的维新变法政治运动的形成奠定了思想和理论的基础。中法战争时期孙中山正在香港，他看到了香港工人罢工所显示出的反帝爱国的巨大威力，因此，把中法战争比作一副"猛剂"。他写道："予自乙酉中法战败之年，始决倾覆清廷，创建民国之志。"由此可见，中法战争的失败，加深了中华民族的危机，也迎来了中华民族的初步觉醒，倾覆清王朝、建立民国的革命思想已经萌牙，中国人民反封建的斗争进入了一个新阶段，这就为1911年辛亥革命的伟大胜利做了思想理论上的准备。

战争后期，中国军队在战场的节节胜利，迫使法国放弃了索取巨额赔款和占据基隆、淡水的无理要求，加速了战争的结束。清政府尽管在许多方面表现得很软弱，但在割地、赔款这两个问题上，始终态度坚决，毫不让步。这种强硬态度是第一、二次鸦片战争中所没有的，这主要是由于中国军队（包括黑旗军），在战场上不断取得

胜利的结果。这就使中法战争成为中国近代反侵略战争史上唯一没有以割地赔款为结束的战争。同时中国军队的节节胜利，也证明了西方列强侵略军并不是不可战胜的。清朝统治阶级为了维护自身利益，被迫领导了这场战争。在统治阶级中，也有一些爱国官员和将领坚决

主张抵抗法国的侵略,如彭玉麟、张之洞、左宗棠等这些敢于抗争的督臣,不仅力主抗法,而且亲临前线进行筹措。冯子材、刘永福、刘铭传、唐景崧等将领,还亲自率领将士,奋勇作战,屡败法军。同时,由于发挥了民族自卫战争的作用,受到中越广大民众的积极支持。这些都是在中法战争中中国能够节节取胜的主要因素。

中法战争的实践证明,清王朝在政治军事制度、战略战术思想、作战指挥手段、军队的素质、技术装备水平等方面,都不能和世界列强匹敌,在镇南关、谅山战役中,中国军队以旧式枪炮舰船与装备先进武器的法国现代化陆海军作战,官兵们是完全凭着血肉之躯和忠烈之勇,才取得了胜利。中国的有志之士看到这种情况,纷纷发奋图强,立志革命与改革。他们认识到,没有强大的工业、没有现代化的军队,就没有国家和民族

的独立。所以，他们中的许多人提出了发展工业、加强国防、改革军制、建设现代化陆海军的主张。此后，在"借富强以保中国"的思想指导下，以军事工业为主体的各种轻重工业，如枪炮厂、造船厂、制铁局、煤矿、铁矿、纺织局、缫丝局、制麻局等逐渐建立和发展起来，全国各地官办、商办、官督商办的厂矿、铁路、电讯、航运等迅速兴起，加速了中国现代工业的发展，促进了中国民族资本主义和民族资产阶级的发展。正如毛泽东所说的那样："帝国主义的侵略刺激了中国的社会经济，使它发生了变化，造成了帝国主义的对立物——造成了中国的民族工业，造成了中国的民族资产阶级，而特别是造成了在帝国主义直接经营的企业中、在官僚资本的企业中、在民族资产阶级的企业中做工的中国的无产阶级。"

此外，清政府也总结中法战争的经验教训，认识到海军力量的薄弱，是法军得以横行东南沿海的重要原因，从而得出了"当此事定之时，惩前毖后，自以大治水师为主"的结论，于是1885年10月成立了总理海军事务衙门，醇亲王奕譞为总理大臣，以庆郡王奕劻和李鸿章为会办大臣，大力加速海军建设。1888年正式建成北洋舰队，由海军提督丁汝昌指挥，拥有七千吨级铁甲舰两艘、三千吨以下巡洋舰七艘，还有炮舰、运

输舰、鱼雷艇等共二十五艘，排水量约五万吨，规模、实力都超过了当时的日本海军。此外还有南洋、广东、福建等海军，并成立了海军学堂，聘请英、德等外国人为教习，加强海军训练。一个美国学者写道："中国成立了北洋海军之后，它的舰队在远东海面上是最大的了，中国人不怕海军示威了。"这对加强中国国防起了积极作用。另外，为了加强台湾防务，1885 年，清政府决定在台湾正式建省，改福建巡抚为台湾巡抚，任命抗法有功的刘铭传为第一任台湾巡抚。